VII.

TOUT EN DIEU.

COMMENTAIRE SUR MALLEBRANCHE.

In deo vivimus movemur, & sumus.
Tout se meut, tout respire, & tout existe en Dieu.

ARatus cité & aprouvé par St. Paul fit cette confession de foi chez les grecs.

Le vertueux Caton dit la même chose, *Jupiter est quodcumque vides, quocumque moveris.*

Mallebranche est le commentateur d'Aratus, de St. Paul & de Caton. Il a réussi en montrant les erreurs des sens & de l'imagination; mais quand il a voulu déveloper cette grande vérité que Tout est en Dieu, tous les lecteurs ont dit que le commentaire est plus obscur que le texte.

Avouons avec Mallebranche que nous ne pouvons nous donner nos idées.

Avouons que les objets ne peuvent par eux

mêmes nous en donner. Car comment se peut il qu'un morceau de matiere ait en soi la vertu de produire dans moi une pensée ?

Donc l'être éternel producteur de tout, produit les idées, de quelque maniére que ce puisse être.

Mais, qu'est-ce qu'une idée? Qu'est-ce qu'une sensation, une volonté &c. C'est moi apercevant, moi sentant, moi voulant.

On sait en fin qu'il n'y a pas plus d'être réel apellé idée, que d'être réel nommé mouvement, mais il y a des corps mus.

De même il n'y a point d'être particulier nommé mémoire, imagination, jugement, mais nous nous souvenons, nous imaginons, nous jugeons.

Tout celà est d'une vérité incontestable.

Loix de la Nature.

Maintenant, comment l'être éternel & formateur produit-il tous ces modes dans des corps organisés ?

A-t-il mis deux êtres dans un grain de froment dont l'un fera germer l'autre ? A-t-il mis deux êtres dans un Cerf dont l'un fera courir l'autre? Non sans doute, mais le grain est doué de la faculté de végéter, & le cerf de celle de courir.

Qu'est-ce que la végétation? C'est du mouvement dans la matiere. Quelle est cette faculté de courir? C'est l'arrangement des muscles qui attachés à des os conduisent en avant d'autres os attachez à d'autres muscles.

C'est évidemment une Mathématique générale qui dirige toute la nature & qui opére toutes les productions. Le vol des oiseaux, le nagement des poissons, la course des quadrupèdes sont des effets démontrés des règles du mouvement connues.

La formation, la nutrition, l'accroissement, le dépérissement des animaux, sont de même des effets démontrés de loix Mathématiques plus compliquées.

Les sensations, les idées de ces animaux peuvent elles être autre chose que des effets plus admirables de loix Mathématiques plus utiles?

Mecanique des Sens.

Vous expliquez par ces loix comment un

animal se meut pour aller chercher sa nourriture ; vous devez donc conjecturer qu'il y a une autre loi par laquelle il a l'idée de sa nourriture, sans quoi il n'irait pas la chercher.

Dieu a fait dépendre de la mécanique toutes les actions de l'animal : donc Dieu a fait dépendre de la Mécanique les sensations qui causent ses actions.

Il y a dans l'organe de l'ouïe un artifice bien sensible ; c'est une helice à tours anfractueux qui détermine les ondulations de l'air vers une coquille formée en entonoir ; l'air pressé dans cet entonoir entre dans l'os pierreux, dans le Labirinthe, dans le vestibule, dans la petite conque nommée colimaçon ; il va fraper le tambour légérement apuié sur le marteau, l'enclume & l'étrier, qui jouent légérement en tirant ou en relachant les fibres du tambour.

Cet artifice de tant d'organes & de bien d'autres encore, porte les sons dans le cervelet ; il y fait entrer les accords de la musique sans les confondre, il y introduit les mots, qui sont les couriers des pensées, dont il reste quelquefois un souvenir qui dure autant que la vie.

Une induſtrie non moins merveilleuſe lance dans vos yeux ſans les bleſſer, les traits de lumiere refléchis des objets ; traits ſi déliés & ſi fins, qu'il ſemble qu'il n'y ait rien entre eux & le néant ; traits ſi rapides qu'un clin d'œil n'aproche pas de leur viteſſe. Ils peignent dans la rétine les tableaux dont ils aportent les contours. Ils y tracent l'image nette du quart du ciel.

Voilà des inſtruments qui produiſent évidemment des effets déterminés & très différents, en agiſſant ſur le principe des nerfs, de ſorte qu'il eſt impoſſible d'entendre par l'organe de la vue, & de voir par celui de l'ouïe.

L'Auteur de la nature aura-t-il diſpoſé avec un art ſi divin ces inſtruments merveilleux, aura-t-il mis des raports ſi étonnants entre les yeux & la lumiere, entre l'air & les oreilles, pour qu'il ait encor beſoin d'accomplir ſon ouvrage par un autre ſecours? La nature agit toujours par les voies les plus courtes : la longueur du procédé eſt une impuiſſance ; la multiplicité des ſecours eſt une faibleſſe.

Voilà tout préparé pour la vue & pour l'ouïe ; tout l'eſt pour les autres ſens avec un art auſſi induſtrieux. Dieu ſera-t-il un ſi mauvais artiſan que l'animal formé par lui pour voir & pour entendre ne puiſſe cependant ni entendre, ni voir, ſi on ne met dans lui un troiſieme perſonage interne qui faſſe ſeul ces fonctions? Dieu ne peut-il nous donner tout d'un coup les ſenſations après nous avoir donné les inſtruments admirables de la ſenſation?

Il l'a fait on en convient, dans tous les animaux: perſonne n'eſt aſſez fou pour imaginer qu'il y ait dans un Lapin, dans un levrier, un être caché qui voie, qui entende, qui flaire, qui agiſſe pour eux.

La foule innombrable des animaux jouït de ſes ſens par des loix univerſelles; ces loix ſont communes à eux & à nous. Je rencontre un Ours dans une forêt, il a entendu ma voix comme j'ai entendu ſon hurlement; il m'a vu avec ſes yeux comme je l'ai vu avec les miens. Il a l'inſtinct de me manger comme j'ai l'inſtinct de me défendre ou de fuir. Ira-t-on me dire, attendez, il n'a beſoin que de ſes organes pour tout celà; mais pour vous c'eſt autre choſe; ce ne ſont point vos yeux qui l'ont vu, ce ne ſont point vos oreilles qui l'ont entendu; ce n'eſt pas le jeu de vos organes qui vous diſ-poſe à l'éviter ou à le combattre : il faut con-ſulter une petite perſonne qui eſt dans vôtre cervelet, ſans laquelle vous ne pouvez ni voir ni entendre cet Ours, ni l'éviter, ni vous deſ-fendre ?

MECHANIQUE DE NOS IDEES.

Certes ſi les organes donnés par la provi-dence univerſelle aux animaux leur ſuffiſent, il n'y a nulle raiſon pour oſer croire que les nôtres ne nous ſuffiſent pas ; & qu'outre l'ar-tiſan éternel & nous il faut encor un tiers pour opérer.

S'il y a évidemment des cas où ce tiers vous eſt inutile, n'eſt-il pas abſurde au fond de l'admettre dans d'autres cas ? On avoue que nous feſons une infinité de mouvements ſans le ſecours de ce tiers. Nos yeux qui ſe ferment rapidement au ſubit éclat d'une lumiere im-prévue, nos bras & nos jambes qui s'arran-gent en équilibre par la crainte d'une chute, mille autres opérations démontrent au moins qu'un tiers ne préſide pas toujours à l'action de nos organes.

Examinons tous les automates dont la ſtructure interne eſt à peu près ſemblable à la nôtre ; il n'y a guères chez eux & chez nous que les nerfs de la troiſieme paire, & quelques uns des autres paires qui s'inſérent dans des muſcles obéiſſants aux déſirs de l'animal ; tous les autres muſcles qui ſervent aux ſens, & qui travaillent au laboratoire chimique des viſcères, agiſſent indépendemment de ſa volonté. C'eſt une choſe admirable ſansdoute, qu'il ſoit donné à tous les animaux d'imprimer le mouvement à tous les muſcles qui ſervent à les faire marcher, à reſſerrer, à étendre, à remuer les pattes ou les bras, les griffes ou les doigts, à manger &c. & qu'aucun animal ne ſoit le maître de la moindre action du cœur, du foie, des inteſtins, de la route du ſang qui circule tout entier environ vingt-cinq fois par heure dans l'homme.

Mais, s'eſt-on bien entendu quand on a dit qu'il y a dans l'homme un petit être qui commande à des pieds & à des mains, & qui ne peut commander au cœur, à l'eſtomac au foye & au pancréas ? & ce petit être n'éxiſte ni dans l'Elephant ni dans le Singe, qui font uſage de leurs membres extérieurs tout comme nous, & qui ſont eſclaves de leurs viſcères tout comme nous ?

On a été encor plus loin : on a dit, il n'y a nul raport entre les corps & une idée, nul entre les corps & une ſenſation ; ce ſont choſes eſſentiellement différentes ; donc, ce ſerait en vain que Dieu aurait ordonné à la lumiere de pénétrer dans nos yeux, & aux particules élaſtiques de l'air d'entrer dans nos oreilles pour nous faire voir & entendre, ſi Dieu n'avait mis dans nôtre cerveau un être capable de recevoir ces perceptions. Cet être, a t-on dit, doit-être ſimple ; il eſt pur, intangiblé ; il eſt en un lieu ſans occuper d'eſpace ; il ne peut être touché & il reçoit des impreſſions ; il n'a rien abſolument de la matiere, & il eſt continuellement affecté par la matiere.

Enſuite, on a dit, ce petit perſonage qui ne peut avoir aucune place, étant placé dans nôtre cerveau, ne peut à la vérité avoir par lui même aucune ſenſation, aucune idée par les objets mêmes. Dieu a donc rompu cette barriere qui le ſépare de la matiere, & a voulu qu'il eut des ſenſations & des idées à l'occaſion de la matiere. Dieu a voulu qu'il vit qnand nôtre rétine ſerait peinte, & qu'il entendit quand nôtre timpan ſerait frapé. Il eſt vrai que tous les animaux reçoivent leurs ſenſations ſans le ſecours de ce petit être ; mais il faut en donner un à l'homme : celà eſt plus nôble ; l'homme combine plus d'idées que les autres animaux, il faut donc qu'il ait ſes idées & ſes ſenſations autrement qu'eux.

Si celà eſt, Meſſieurs, à quoi bon l'auteur de la nature a-t il pris tant de peine ? Si ce petit être que vous logés dans le cervelet ne peut par ſa nature n'y voir n'y entendre, s'il n'y a nulle proportion entre les objets & lui, il ne fallait ni œil ni oreille. Le tambour, le marteau, l'enclume, la cornée, l'uvée, l'humeur vitrée, la rétine étaient abſolument inutiles.

Dès que ce petit perſonage n'a aucune connexion, aucune analogie, aucune proportion avec aucun arrangement de matiere, cet arrangement était entiérement ſuperflu. Dieu n'avait qu'à dire, tu auras le ſentiment de la viſion, de l'ouïe, du goût, de l'odorat, du tact, ſans qu'il y ait aucun inſtrument, aucun organe.

L'opinion qu'il y a dans le cerveau humain un être, un perſonage étranger qui n'eſt point dans les autres cerveaux, eſt donc au moins ſujette à beaucoup de difficultés; elle contredit toute analogie, elle multiplie les êtres ſans néceſſité, elle rend tout l'artifice du corps humain un ouvrage vain & trompeur.

Dieu fait tout.

Il eſt ſur que nous ne pouvons nous donner aucune ſenſation; nous ne pouvons même en imaginer au delà de celles que nous avons éprouvées. Que toutes les académies de l'Europe propoſent un prix pour celui qui imaginera un nouveau ſens, jamais on ne gagnera ce prix. Nous ne pouvons donc rien purement par nous mêmes, ſoit qu'il y ait un être inviſible & intangible dans nôtre cervelet, ſoit qu'il n'y en ait pas. Et il faut convenir que dans tous les ſiſtêmes l'auteur de la nature nous a donné tout ce que nous avons, organes, ſenſations, idées qui en ſont la ſuite.

Puiſque nous ſommes ainſi ſous ſa main, Mallebranche malgré toutes ſes erreurs a donc raiſon de dire philoſophiquement que nous ſommes dans Dieu, & que nous voions tout dans Dieu, comme St. Paul le dit dans le langage de la théologie, & Aratus & Caton dans celui de la morale.

Que pouvons nous donc entendre par ces mots, *voir tout en Dieu.*

Ou ce sont des paroles vuides de sens, ou elles signifient que Dieu nous donne toutes nos idées.

Que veut dire, recevoir une idée? Ce n'est pas nous qui la créons quand nous la recevons, donc c'est Dieu qui la crée; de même que ce n'est pas nous qui créons le mouvement, c'est Dieu qui le fait. Tout est donc une action de Dieu sur les créatures.

Comment tout est il action de Dieu?

Il n'y a dans la nature qu'un principe universel, éternel & agissant; il ne peut en exister deux, car il seraient semblables ou differents. S'ils sont differents ils se détruisent l'un l'autre; s'ils sont semblables c'est comme s'il n'y en avait qu'un. L'unité de dessein dans le grand tout infiniment varié annonce un seul principe, ce principe doit agir sur tout être, ou il n'est plus principe universel.

S'il agit ſur tout être il agit ſur toutes les modes, de tout être : il n'y a donc pas un ſeul mouvement, un ſeul mode, une ſeule idée, qui ne ſoit l'effet immédiat d'une cauſe univerſelle toujours préſente.

Cette cauſe univerſelle a produit le ſoleil & les aſtres immédiatement. Il ſerait bien étrange qu'elle ne produiſit pas en nous immédiatement la perception du ſoleil & des aſtres.

Si tout eſt toujours effet de cette cauſe, comme on n'en peut douter, quand ces effets ont ils commencé ? quand la cauſe à commencé d'agir. Cette cauſe univerſelle eſt néceſſairement agiſſante puiſqu'elle agit, puiſque l'action eſt ſon attribut, puiſque tous ſes attributs ſont néceſſaires, car s'ils n'étaient pas néceſſaires elle ne les aurait pas.

Elle a donc agi toujours. Il eſt auſſi impoſſible de concevoir que l'être éternel eſſentiellement agiſſant par ſa nature eut été oiſif une éternité entiére, qu'il eſt impoſſible de concevoir l'être lumineux ſans lumiére.

Une cauſe ſans effet eſt une chimére, une abſurdité auſſi bien qu'un effet ſans cauſe. Il y a donc eu éternellement, & il y aura toujours des effets de cette cause universelle.

Ces effets ne peuvent venir de rien, ils sont donc des émanations éternelles de cette cause éternelle.

La matiére de l'univers apartient donc à Dieu tout autant que les idées, & les idées tout autant que la matiére.

Dire que quelque chose est hors de lui, ce serait dire qu'il y a quelque chose hors de l'infini.

Dieu étant le principe universel de toutes les choses, toutes existent donc en lui & par lui.

Dieu inséparable de toute la nature.

Il ne faut pas inférer de là qu'il touche sans cesse à ses ouvrages par des volontés & des actions particuliéres. Nous faisons toujours Dieu à nôtre image. Tantôt nous le représentons comme un despote dans son palais, ordonnant à des domestiques; tantôt comme un ouvrier occupé des roues de sa machine. Mais un homme qui fait usage de sa raison peut-il concevoir Dieu autrement que comme principe toujours agissant. S'il a été principe une fois il l'est donc à tout moment, car il ne peut changer de nature. La comparaiſon du Soleil & de ſa lumiére avec Dieu & ſes productions, eſt ſans doute infiniment imparfaite; mais enfin, elle nous donne une idée, quoique très faible & fautive, d'une cauſe toujours ſubſiſtante & de ſes effets toujours ſubſiſtants.

Enfin, je ne prononce le nom de Dieu que comme un Perroquet, ou comme un imbécile, ſi je n'ai pas l'idée d'une cauſe néceſſaire, immenſe, agiſſante, préſente à tous ſes effets en tout lieu, en tout tems.

On ne peut m'opoſer les objections faites à Spinoſa. On lui diſait qu'il faiſait un Dieu intelligent & brute, eſprit & citrouille, Loup & Agneau, volant & volé, maſſacrant & maſſacré; que ſon Dieu n'était qu'une contradiction perpétuelle. Mais ici on ne fait point Dieu l'univerſalité des choſes; nous diſons que l'univerſalité des choſes émane de lui. Et pour nous ſervir encor de l'indigne comparaiſon du Soleil & de ſes raïons, nous diſons qu'un trait de lumiére lancé du globe du Soleil, & abſorbé dans le plus infect des cloaques, ne peut laiſſer aucune ſouillure dans cet aſtre. Ce cloaque n'empêche pas que le Soleil ne vivifie toute la nature dans nôtre globe.

On peut nous objecter encor que ce raïon est tiré de la substance même du Soleil, qu'il en est une émanation, & que si les productions de Dieu sont des émanations de lui-même, elles sont des parties de lui-même. Ainsi nous retomberions dans la crainte de donner une fausse idée de Dieu de le composer de parties, & même de parties désunies, de parties qui se combattent. Nous répondrons ce que nous avons déja dit, que nôtre comparaison est très imparfaite, & qu'elle ne sert qu'à former une faible image d'une chose qui ne peut être représentée par des images. Nous pourions dire encor qu'un trait de lumiére pénétrant dans la fange, ne se mêle point avec elle, & qu'elle y conserve son essence invisible. Mais il vaut mieux avouer que la lumiére la plus pure ne peut représenter Dieu. La lumiére émane du Soleil, & tout émane de Dieu. Nous ne savons pas comment : mais nous ne pouvons encor une fois concevoir Dieu que comme l'être nécessaire de qui tout émane. Le vulgaire le regarde comme un despote qui a des huissiers dans son antichambre.

Nous

Nous croions que toutes les images ſous leſquelles on a repréſenté ce principe univerſel néceſſairement exiſtant par lui-même, néceſſairement agiſſant dans l'étendue immenſe, ſont encor plus erronées que la comparaiſon tirée du Soleil & de ſes raïons. On l'a peint aſſis ſur les vents, porté dans les nuages, entouré des éclairs & des tonnerres, parlant aux éléments, ſoulevant les mers: tout cela n'eſt que l'expreſſion de nôtre petiteſſe. Il eſt au fond très ridicule de placer dans un brouillard à une demi lieue de nôtre petit globe le principe éternel de tous les millions de globes qui roulent dans l'immenſité. Nos éclairs & nos tonnerres qui ſont vus & entendus quatre ou cinq lieues à la ronde, tout au plus, ſont de petits effets phyſiques, perdus dans le grand tout, & c'eſt ce grand tout qu'il faut conſidérer quand c'eſt Dieu dont on parle.

Ce ne peut être que la même vertu qui pénétre de nôtre ſiſtème planétaire aux autres ſiſtêmes planétaires qui ſont plus éloignés mille & mille fois de nous que nôtre globe ne l'eſt de Saturne. Les mêmes loix éternelles régiſſent tous les aſtres; car ſi les forces centripetes & centrifuges dominent dans nôtre monde, elles dominent dans le monde voisin, & ainsi dans tous les univers. La lumiére de nôtre Soleil & de Sirius doit être la même ; elle doit avoir la même ténuité, la même rapidité, la même force, s'échaper également en ligne droite de tous les côtés, agir également en raison directe du quarré de la distance.

Puisque la lumiére des étoiles, qui sont autant de Soleils, vient à nous dans un tems donné, la lumiére de nôtre Soleil parvient à elles réciproquément dans un tems donné. Puisque ces traits, ces raïons de nôtre Soleil se réfractent, il est incontestable que les raions des autres Soleils dardés de même dans leurs planettes s'y réfractent précisément de la même façon s'ils y rencontrent les mêmes milieux.

Puisque cette réfraction est nécessaire à la vue, il faut bien qu'il y ait dans ces planettes des êtres qui aient la faculté de voir. Il n'est pas vraisemblable que ce bel usage de la lumiére soit perdu pour les autres globes. Puisque l'instrument y est, l'usage de l'instrument doit y être aussi. Partons toujours de ces deux principes que rien n'est inutile, & que les grandes loix de la nature sont par tout les mêmes; donc ces soleils innombrables allumés dans l'espace, éclairent des planettes innombrables; donc leurs raïons y opèrent comme sur nôtre petit globe, donc des animaux en jouïssent.

La lumiére est de tous les êtres, ou de tous les modes du grand être, celui qui nous donne l'idée la plus étendue de la divinité, tout loin qu'elle est de la représenter.

En effet, après avoir vu les ressorts de la vie des animaux de nôtre globe, nous ne savons pas si les habitans des autres globes ont de tels organes. Après avoir connu la pesanteur, l'élasticité, les usages de nôtre athmosphère, nous ignorons si les globes qui tournent autour de Sirius ou d'Aldebaram, sont entourés d'un air semblable au nôtre. Nôtre mer salée ne nous démontre pas qu'il y ait des mers dans ces autres planettes; mais la lumiére se présente par tout. Nos nuits sont éclairées d'une foule de Soleils. C'est la lumiére qui d'un coin de cette petite Sphère sur laquelle l'homme rampe, entretient une correspondance continuelle entre tous ces univers & nous. Saturne nous voit, & nous voions Saturne. Sirius aperçu par nos yeux peut aussi nous découvrir; il découvre certainement nôtre

Soleil; quoiqu'il y ait entre l'un & l'autre une diſtance qu'un boulet de Canon qui parcourt ſix cent toiſes par ſeconde, ne pourait franchir en cent quatre milliards d'années.

La lumiére eſt réellement un meſſager rapide qui court dans le grand tout de mondes en mondes. Elle a quelques proprietés de la matiére, & des proprietés ſupérieures. Et ſi quelque choſe peut fournir une faible idée commencée, une notion imparfaite de Dieu, c'eſt la lumiére; elle eſt par tout comme lui, elle agit par tout comme lui.

Réſultat.

Il réſulte, ce me ſemble de toutes ces idées qu'il y a un être ſuprême, éternel, intelligent, d'où découlent en tout tems tous les êtres & toutes les maniéres d'être dans l'étendue.

Si tout eſt émanation de cet être ſuprême, la vérité, la vertu en ſont donc auſſi des émanations.

Qu'eſt-ce que la vérité émanée de l'être ſuprême? la vérité eſt un mot général, abſtrait, qui ſignifie les choſes vraies. Qu'eſt-ce qu'une choſe vraie? une choſe exiſtante, ou qui a exiſté, & raportée comme telle. Or quand je cite cette choſe je dis vrai; mon intelligence agit conformément à l'intelligence ſuprême.

Qu'eſt-ce que la vertu? un acte de ma volonté qui fait du bien à quelqu'un de mes ſemblables. Cette volonté eſt émanée de Dieu, elle eſt conforme alors à ſon principe.

Mais le mal phiſique & le mal moral viennent donc auſſi de ce grand être, de cette cauſe univerſelle de tout effet?

Pour le mal phiſique il n'y a pas un ſeul ſyſtême, pas une ſeule religion qui n'en faſſe Dieu auteur. Que le mal vienne immédiatement ou médiatement de la premiére cauſe, celà eſt parfaitement égal. Il n'y a que l'abſurdité du Menichéïſme qui ſauve Dieu de l'imputation du mal; mais une abſurdité ne prouve rien. La cauſe univerſelle produit les poiſons comme les aliments, la douleur comme le plaiſir. On ne peut en douter.

Il était donc néceſſaire qu'il y eut du mal? oui, puiſqu'il y en a. Tout ce qui exiſte eſt néceſſaire: car quelle raiſon y aurait-il de ſon exiſtance?

Mais le mal moral, les crimes! Néron, Aléxandre Six! Eh bien, la terre est couverte de crimes comme elle l'est d'Aconit, de Cigue, d'Arsenic, cela empêche-t-il qu'il y ait une cause universelle? cette existence d'un principe dont tout émane est démontrée, je suis faché des conséquences. Tout le monde dit, comment sous un Dieu bon y a-t-il tant de souffrances? Et là-dessus chacun bâtit un roman métaphisique; mais aucun de ces romans ne peut nous éclairer sur l'origine des maux, & aucun ne peut ébranler cette grande vérité que tout émane d'un principe universel.

Mais si nôtre raison est une portion de la raison universelle, si nôtre intelligence est une émanation de l'être suprême, pourquoi cette raison ne nous éclaire-t-elle pas sur ce qui nous intéresse de si près? Pourquoi ceux qui ont découvert toutes les loix du mouvement & la marche des Lunes de Saturne, restent-ils dans une si profonde ignorance de la cause de nos maux? C'est précisément parce que nôtre raison n'est qu'une très petite portion de l'intelligence du grand être.

On peut dire hardiment & sans blasphême, qu'il y a de petites vérités que nous savons aussi bien que lui, par exemple que trois eſt la moitié de ſix, & même que la diagonale d'un quarré partage ce quarré en deux triangles égaux &c. L'être ſouverainement intelligent ne peut ſavoir ces petites vérités ni plus lumineuſement, ni plus certainement que nous ; mais il y a une ſuite infinie de vérités, & l'être infini peut ſeul comprendre cette ſuite.

Nous ne pouvons être admis à tous ſes ſecrets, de même que nous ne pouvons ſoulever qu'une quantité déterminée de matiére.

Demander pourquoi il y a du mal ſur la terre ; c'eſt demander pourquoi nous ne vivons pas autant que les chênes.

Nôtre portion d'intelligence invente des loix de ſocieté bonnes ou mauvaiſes, elle ſe fait des préjugés ou utiles ou funeſtes ; nous n'allons guères au delà. Le grand être eſt fort, mais les émanations ſont néceſſairement faibles. Servons nous encor de la comparaiſon du Soleil. Ses raïons réunis fondent les métaux ; mais quand vous réuniſſez ceux qu'il a dardés ſur le diſque de la Lune ils n'excitent pas la plus légère chaleur.

Nous ſommes auſſi néceſſairement bornés que le grand être eſt néceſſairement immenſe.

Voilà tout ce que me montre ce faible raïon de lumiére émané dans moi du Soleil des esprits. Mais sachant combien ce raïon est peu de chose, je soumets incontinent cette faible lueur aux clartés supérieures de ceux qui doivent éclairer mes pas dans les ténèbres de ce monde.

Par l'*Abbé* de Tilladet.

F I N.

41

www.ingramcontent.com/pod-product-compliance
Ingram Content Group UK Ltd.
Pitfield, Milton Keynes, MK11 3LW, UK
UKHW032035260826
14628UKWH00006B/2963